Piano
최신음악 짱 4

CONTENTS

토요일밤에

용감한 형제 사 | 용감한 형제 곡 | 손담비 노래

사용코드

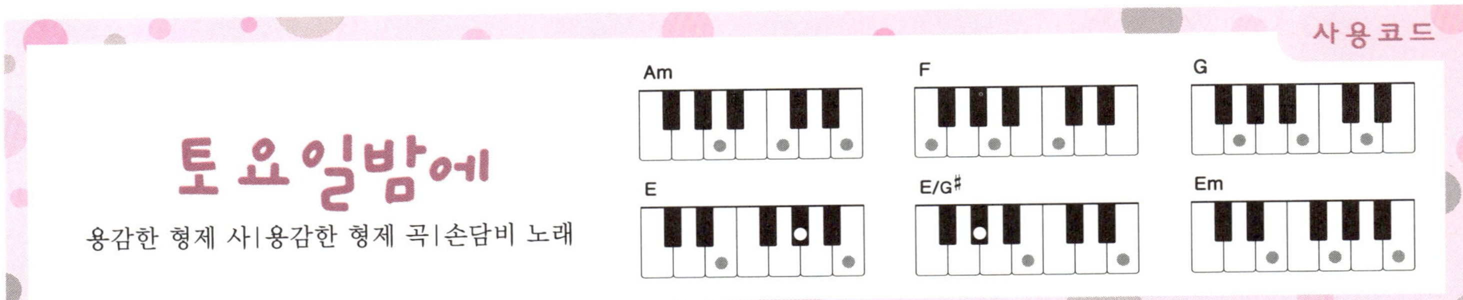

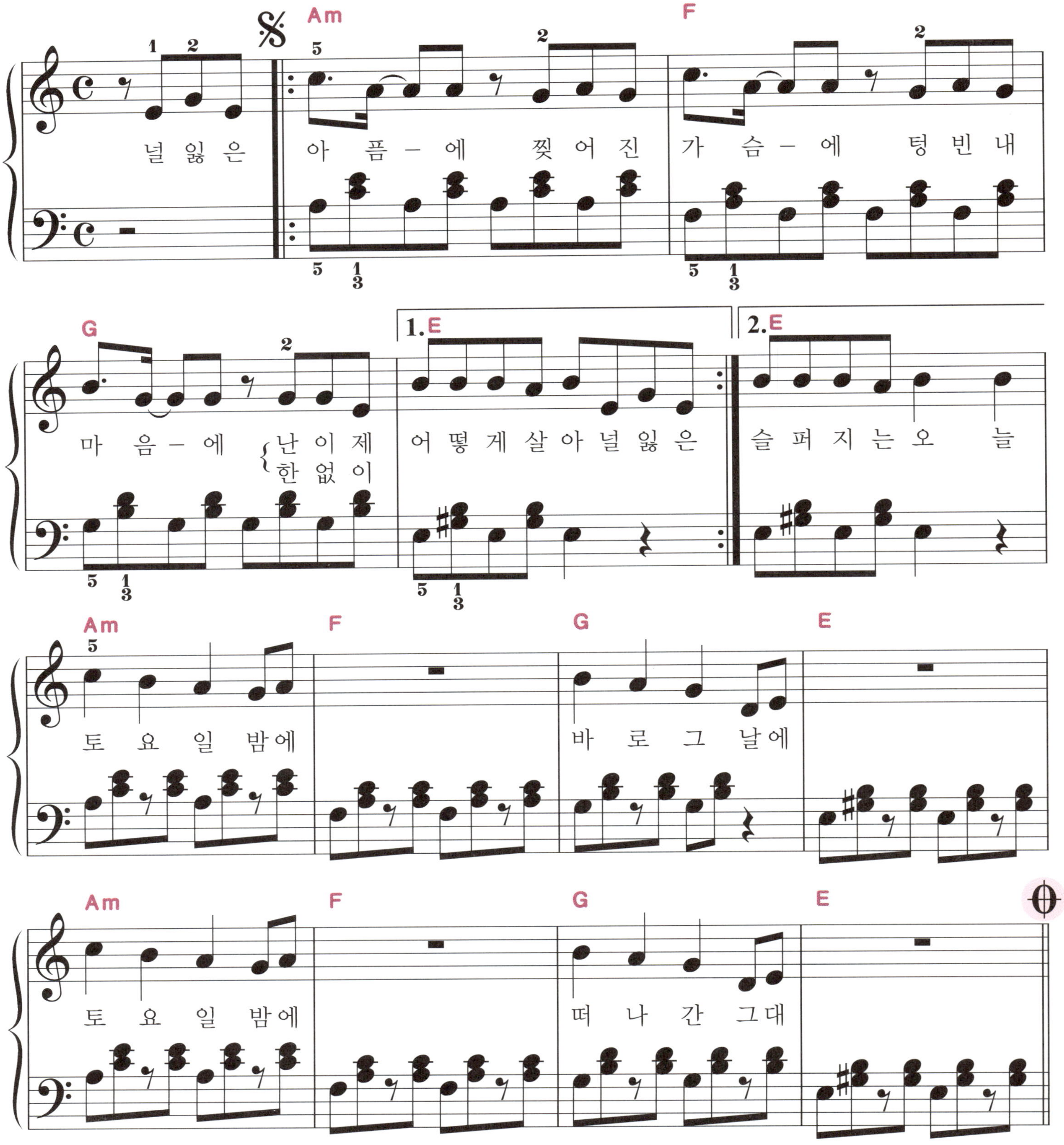

• 칼립소 리듬으로도 반주해 보세요.
Am
F
G
E
Am
F
G
E/G#
슬 픈노 래가날 울 려 널 생 각하 면서난 불 러 웃
Am
F
G
다 가울 다가또 지 쳐 술 에 취 해 비
Em
Am
F
틀거리는이 밤
떠 나 가는그 대 를 기 억 해난 이
멀 어 지는그 대 를 지 우 고파 난
G
1. E
2. E
Am
무 너 지는내 맘 을 너 는혹 시알 까 그 게 잘 안 돼널 잃 은
애 를 쓰고애 를 써 도
D.S.

Sorry Sorry

유영진 사 | 유영진 곡 | 슈퍼주니어 노래

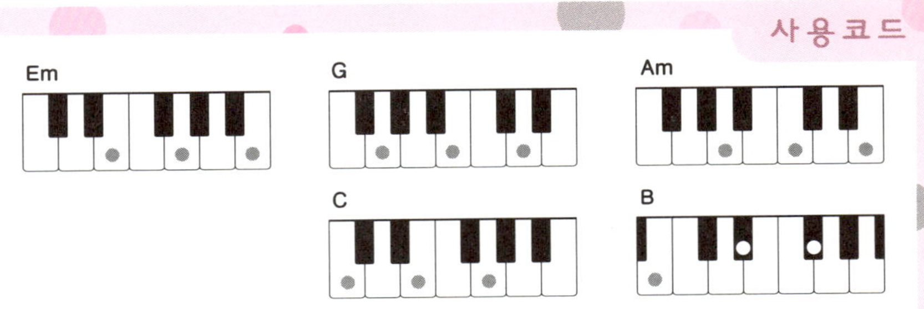

• 폭스 트로트 리듬으로도 반주해 보세요.

너의모습너는마치 내심장을밟고왔나 봐 이젠벗어나지도 못 해

어딜가나당당하게 웃는너는매력적 - 착한여자일색이란 생각들은보편적 -

도도하게거침없게 정말너는환상적 - 돌이킬수없을만큼 네게빠져버렸어 -

딴 딴 딴 따다 - 따 따란 딴 딴 딴 딴 따다 - 따 따라빠빠라

D.C.

사용코드

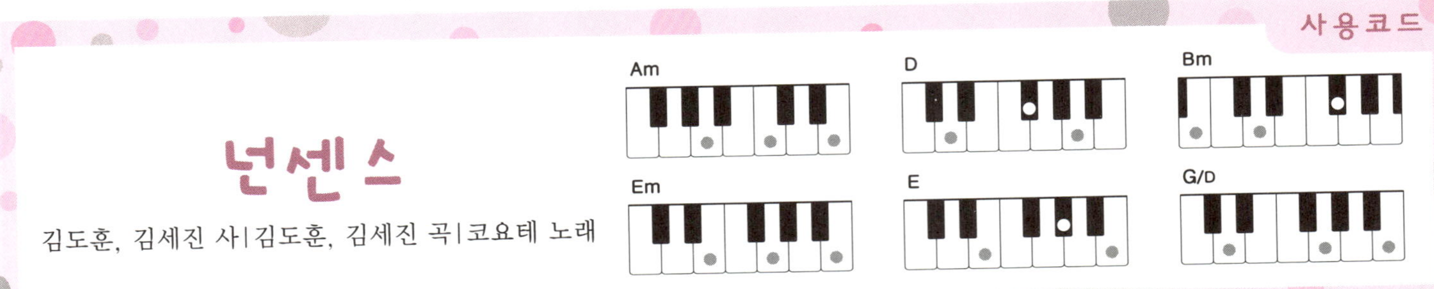

넌센스

김도훈, 김세진 사 | 김도훈, 김세진 곡 | 코요테 노래

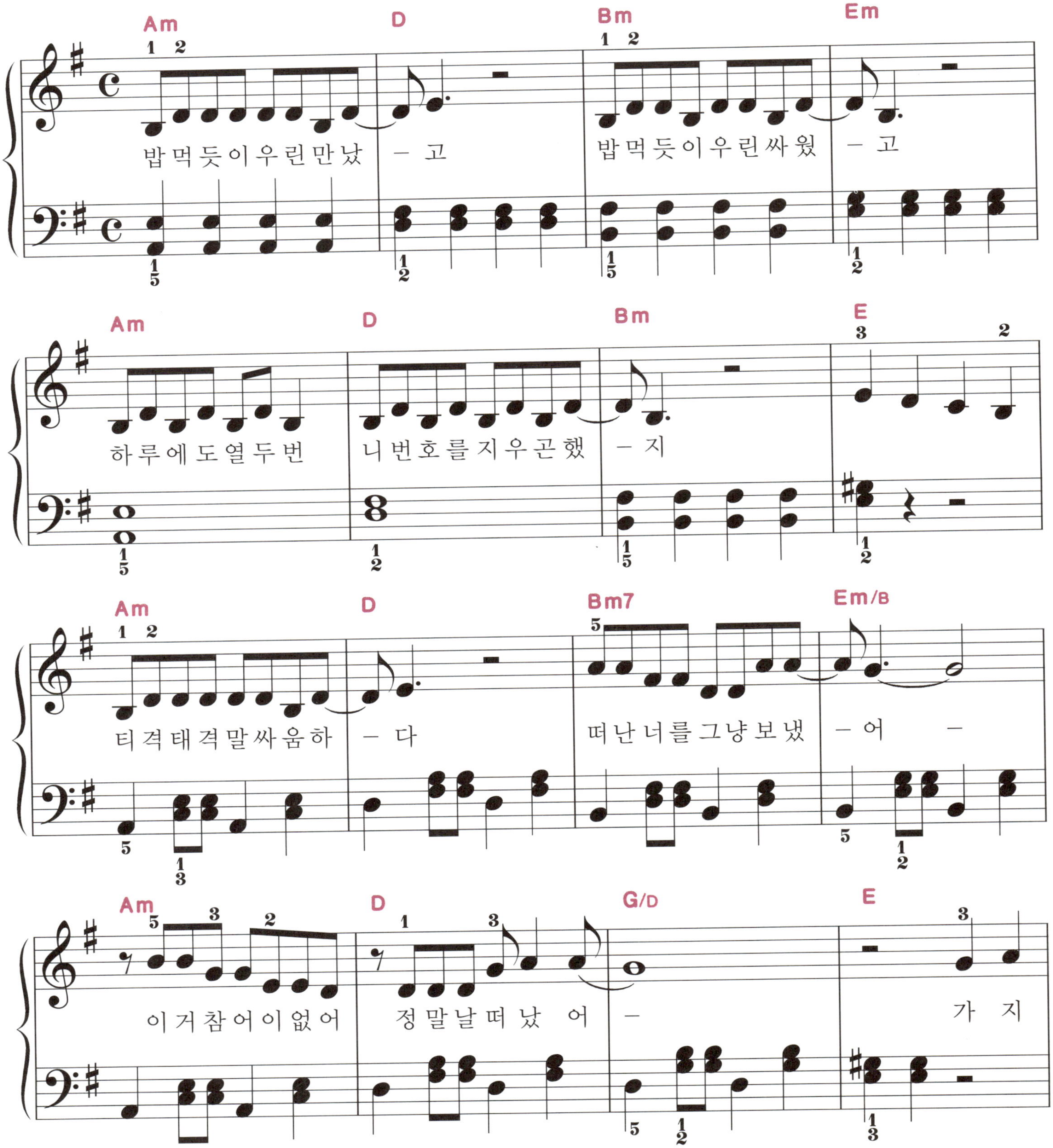

아르페지오 리듬으로도 반주해 보세요.

Am D Bm Em/B
5 1 3 1
5 1 3 1
5 1 2 1

Am D Bm7 Em/B
마 가지마 가지 말란말이야 오늘도난그냥해 －본말이야

Am D G/D E
코끝이 찡해 눈물이펑돌 아 － 가 지

Am D Bm7 E/B
마 가지마 제발 떠나가지마 이러지는말아 줘 － 제 발 너

Am D G/D D G/D
난 나는말야 너 만을사랑 해 －

My Man

이상백 사 | 박해문, 박해운 곡 | 다비치 노래

사용코드

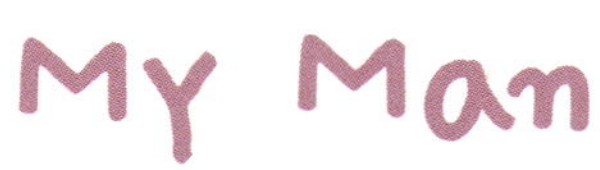

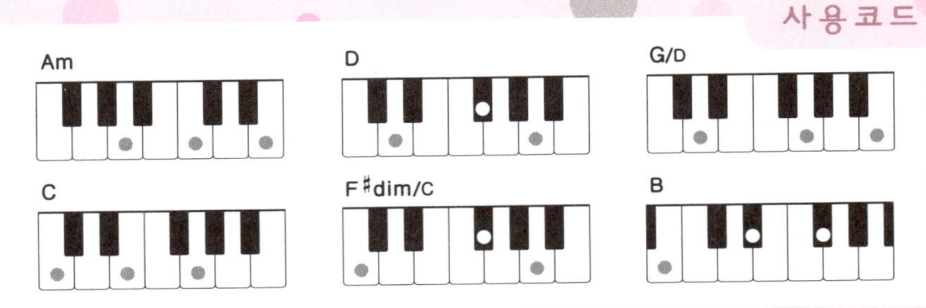

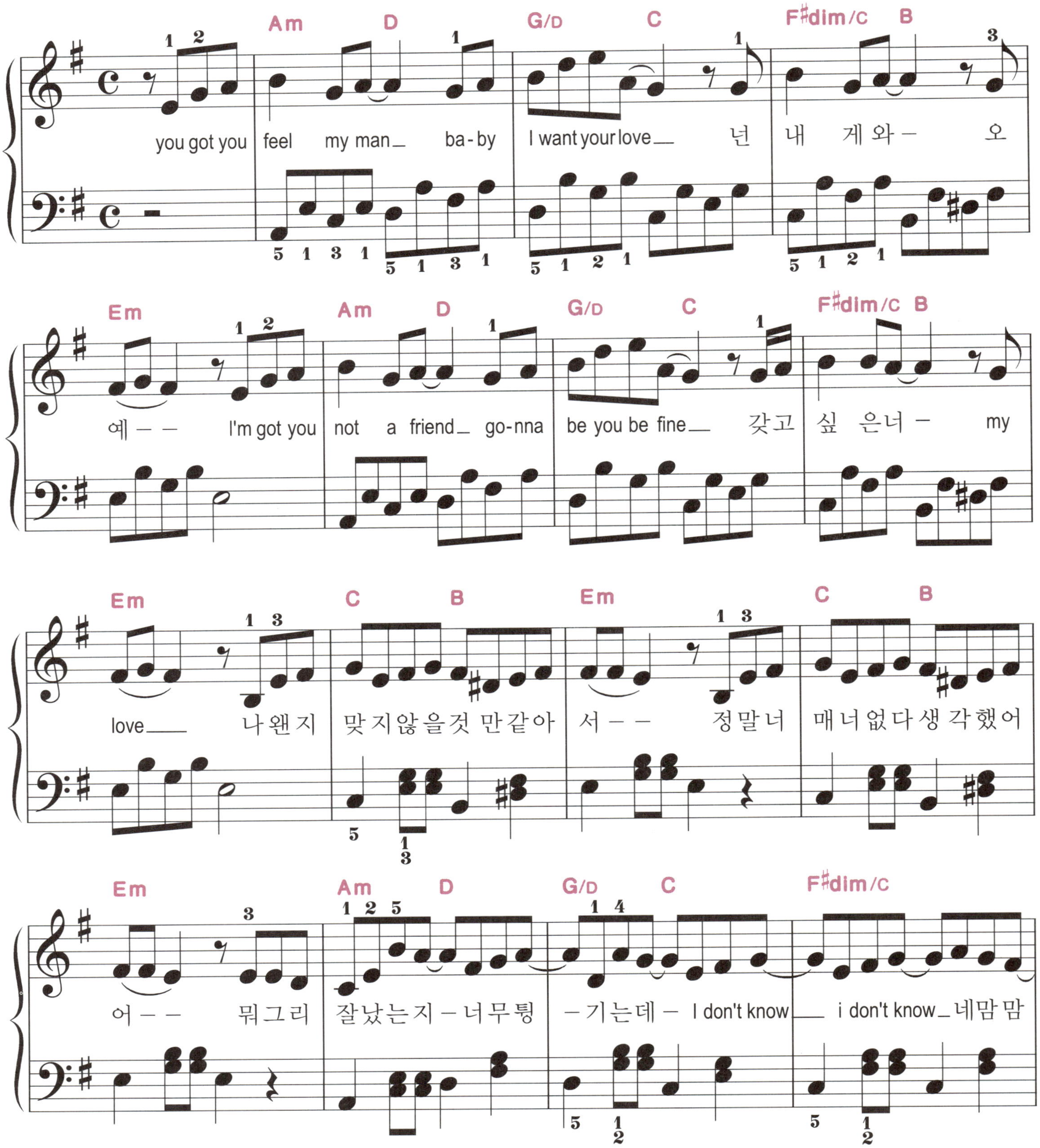

• 폴카 리듬으로도 반주해 보세요.

하지만 궁금해져궁 금해져 난 − − 어디서 나온그런자신감인

지 아무리 생각 해도 − 이해가 안되지만 − 나 − 도몰래 집착을 해

− you got you feel my man_ ba-by I want your love_ 넌 내 게와 − 오

예 − − I'm got you not a friend_ go-nna be you be fine_ 갖고 싶 은너 − my love_

드라마 '신데렐라맨' 삽입곡

사랑한단 말 못해

강은경 사 | 오성훈, 조영수 곡 | 옥주현 노래

사용코드

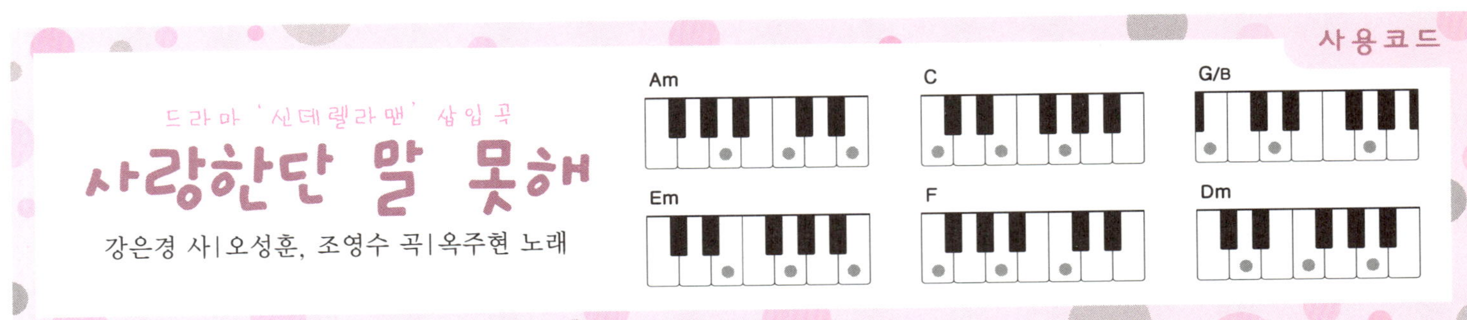

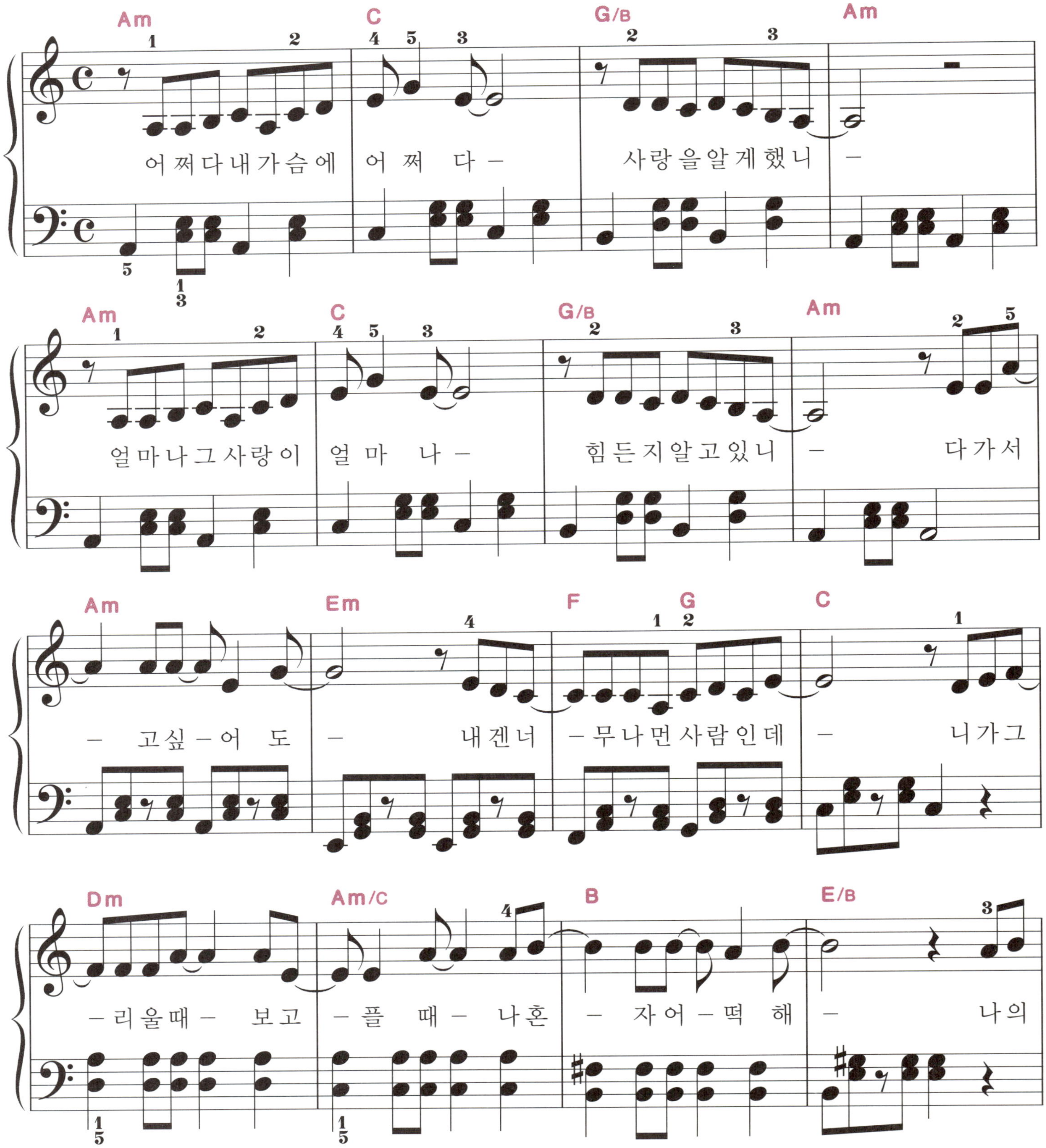

• 칼립소 리듬으로도 반주해 보세요.
Am Em F C
Am Em F C
슬픈눈을 – 한번바 – 라 – 봐 – 깊은 한숨소릴 – 들어봐 – 사랑한
Dm Am/C B E/B
– 단 말 못 – 해 차 – 마 말 못 – 해 울 – 고 있 – 잖 – 아 – 그저
Am Em F G C
바 라 보는 – 것만으 – 로 – 도 – 눈 물 나게 좋 – 은 사람 – 미
Bdim E/B Am D/A F/C G/B Asus4 A
– 안 – 해 – 너를 욕 – 심 내 서 – – 몰 래 사 랑 해 서 –

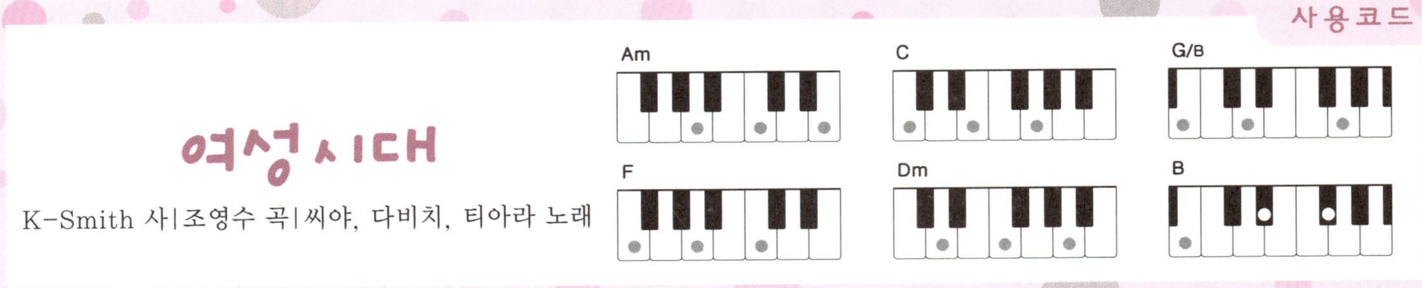

여성시대

K-Smith 사 | 조영수 곡 | 씨야, 다비치, 티아라 노래

사용코드

Am
C
G/B
F
Dm
B

Am C G/B Am
화장 하 고 머 리를자 르 고 멋 진여자 로 태어날거야 – 당당
Am C G/B Am
하 게 좀 더꿋꿋 하 게 두 번다시 는 난울지않아 –
Am C G/B Am
예쁜구두를신고 유행하는옷입고 거릴나서 본다 –
Am C G/B Am
날보는사람들의 시선이싫진않아 나는예쁘–니까 – 아직

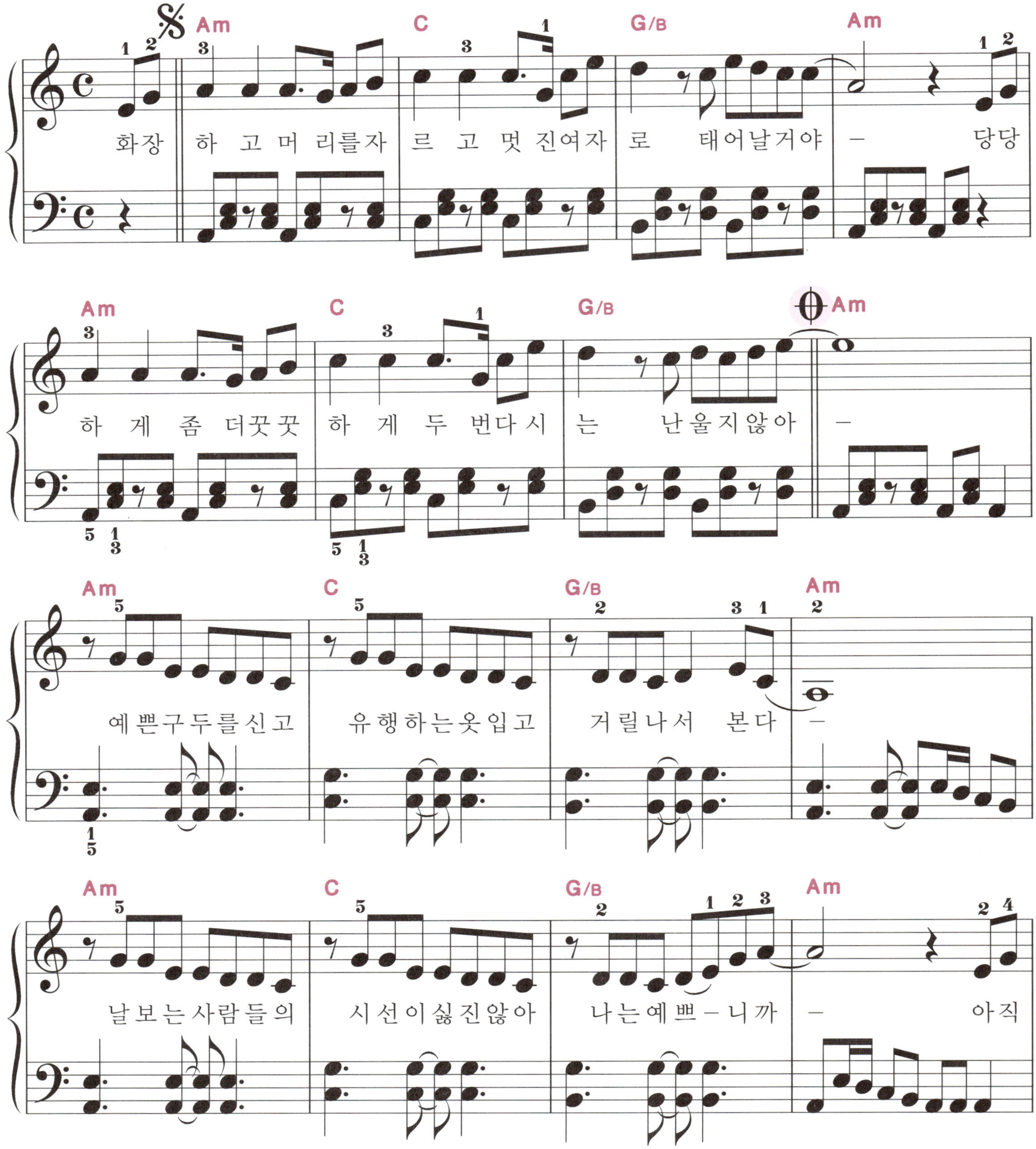

• 4비트 리듬으로도 반주해 보세요.
Am
C
G
Am
F
G
Am
F
G
C
Dm
Am/C
B
E/B
D.S.
Am
Am
C
G/B
Am
Am
C
G/B
Am
웃을날이많 은데 여태 그 걸 몰 랐 어 외로
워도울지않 아 아프지않 아 내인생을사 는거 야 화장
라라 랄 라 라 라라라 랄 라 나 를위해 서 난변할거야
처음 부 터 시 작하는 거 야 가 슴을펴 고 난웃는거야

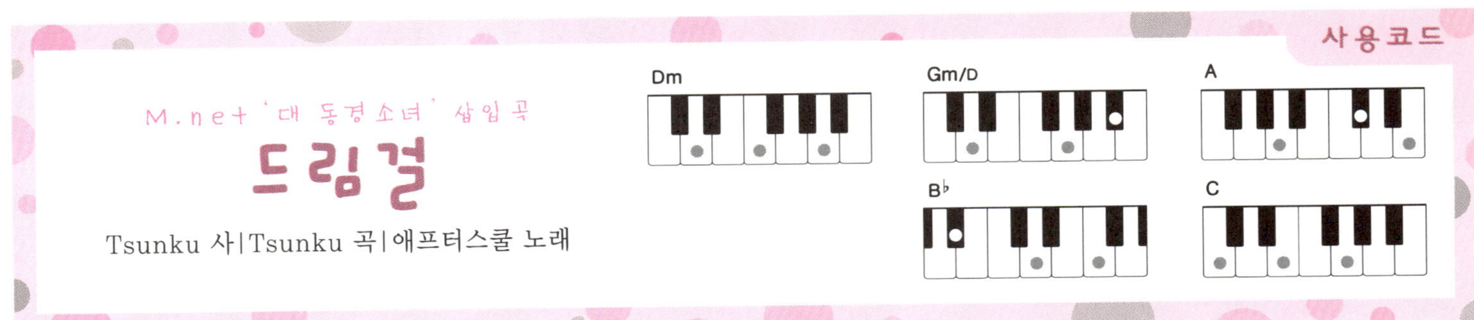
사용코드
M.net '대동경소녀' 삽입곡
드림걸
Tsunku 사 | Tsunku 곡 | 애프터스쿨 노래
Dm
Gm/D
A
B♭
C

Dm   Gm/D   Dm   Dm   Gm/D   A
티비속에 주 - 인공처럼   날원하는 저 e - very-bo-dy bo-dy bo-dy

Dm   Gm/D   Dm   Dm   Gm/D   A
누구라도 꿈 - 꾸어본다   상상했던 내꿈 - 은이미뜨거워진

Dm   Gm/D   A   Dm   Gm/D   A
dyna-mite   내꿈은 dyna-mite

B♭   C   Dm
언 제나 달 - 콤하고짜릿 한 사 랑은기본 op-tion

14

• 칼립소 리듬으로도 반주해 보세요.
B♭   C   Dm   B♭   C   Dm
B♭/D   C   Dm
눈 물 로 지 －쳐버린마음－은 no no no＿＿＿ 무 대 에
Gm/D   Dm   Gm/B♭   A
선   내맘대로   멋 지게즐겨볼 －까－ 우 와우와우와
B♭   C   Dm   B♭   C   Dm
신 나게춤을춰봐 와우와우와우와우 더 크게소리쳐봐 예 예 예 에
B♭   C   Dm   Gm/B♭ A   B♭   Dm
끝 까지하는거야 와우와우와우와우 dance and sing-er of the night＿＿＿

너라고 (It's You)

E-Tribe 사 | E-Tribe 곡 | 슈퍼주니어 노래

사용코드

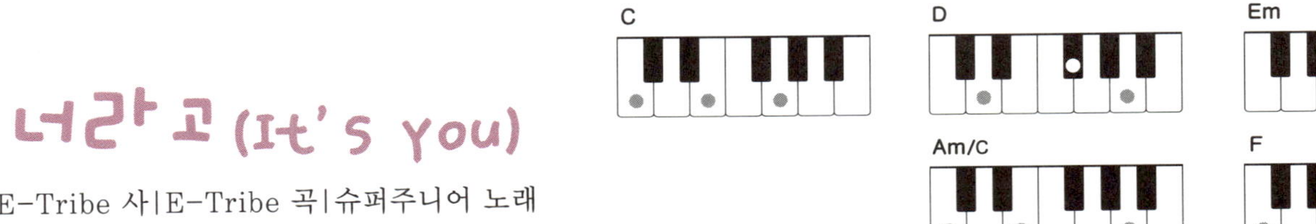

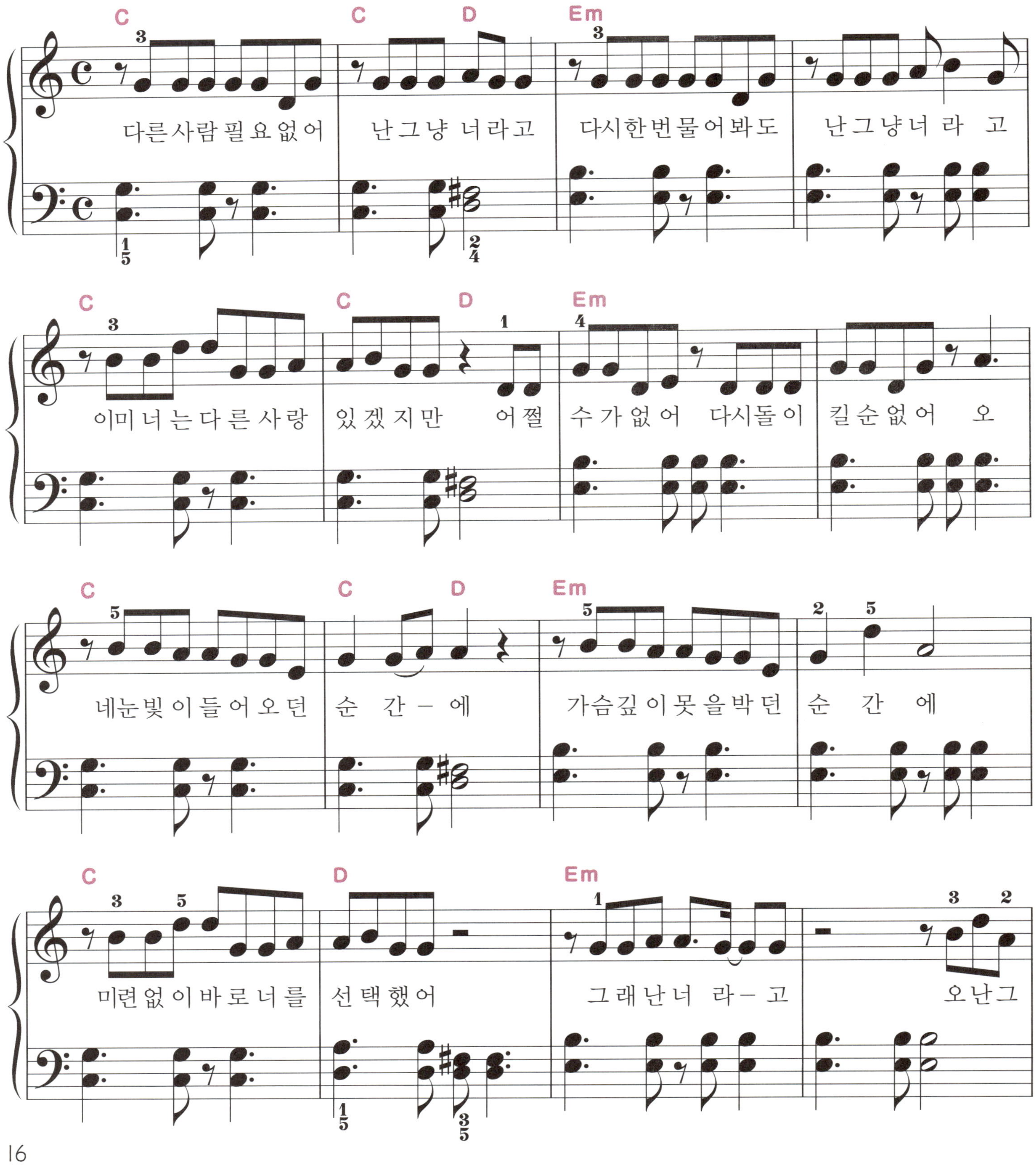

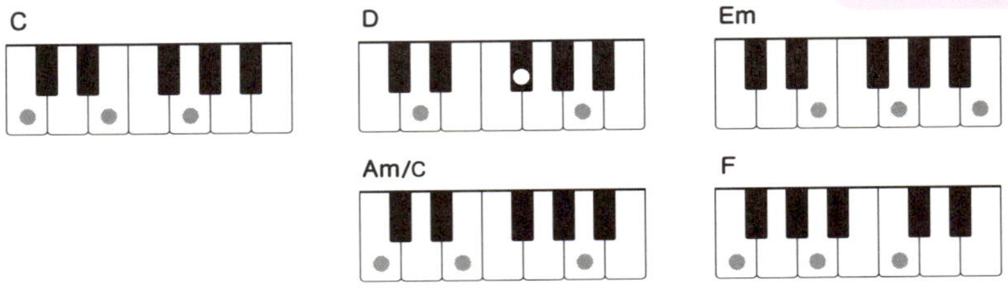

• 록 리듬으로도 반주해 보세요.

누가누가뭐 래도나 -는상관없다고그 누가누가욕 해도너 -만바라본다고나
다시태어난 대도오 -직너뿐이라고 째깍째깍시간이흘 -러도 오난널
사랑한다말 해도천 -번만번말해도내 가슴속다불 타고마 -른입술닿도록나
다시태어난 대도오 -직너뿐이라고 째깍째깍시간이흘 -러도 오난

Fire

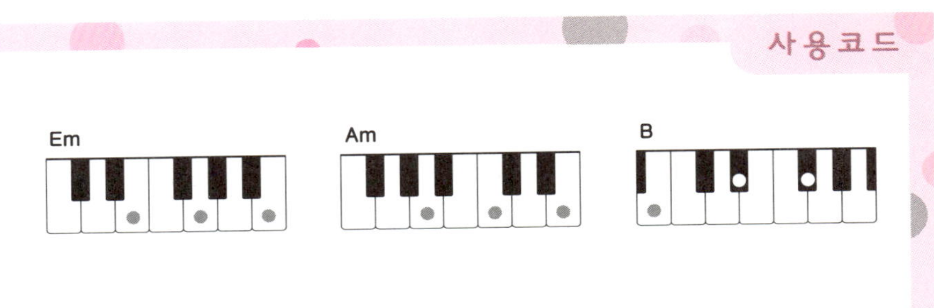

테디 사 | 테디 곡 | 2NE1 노래

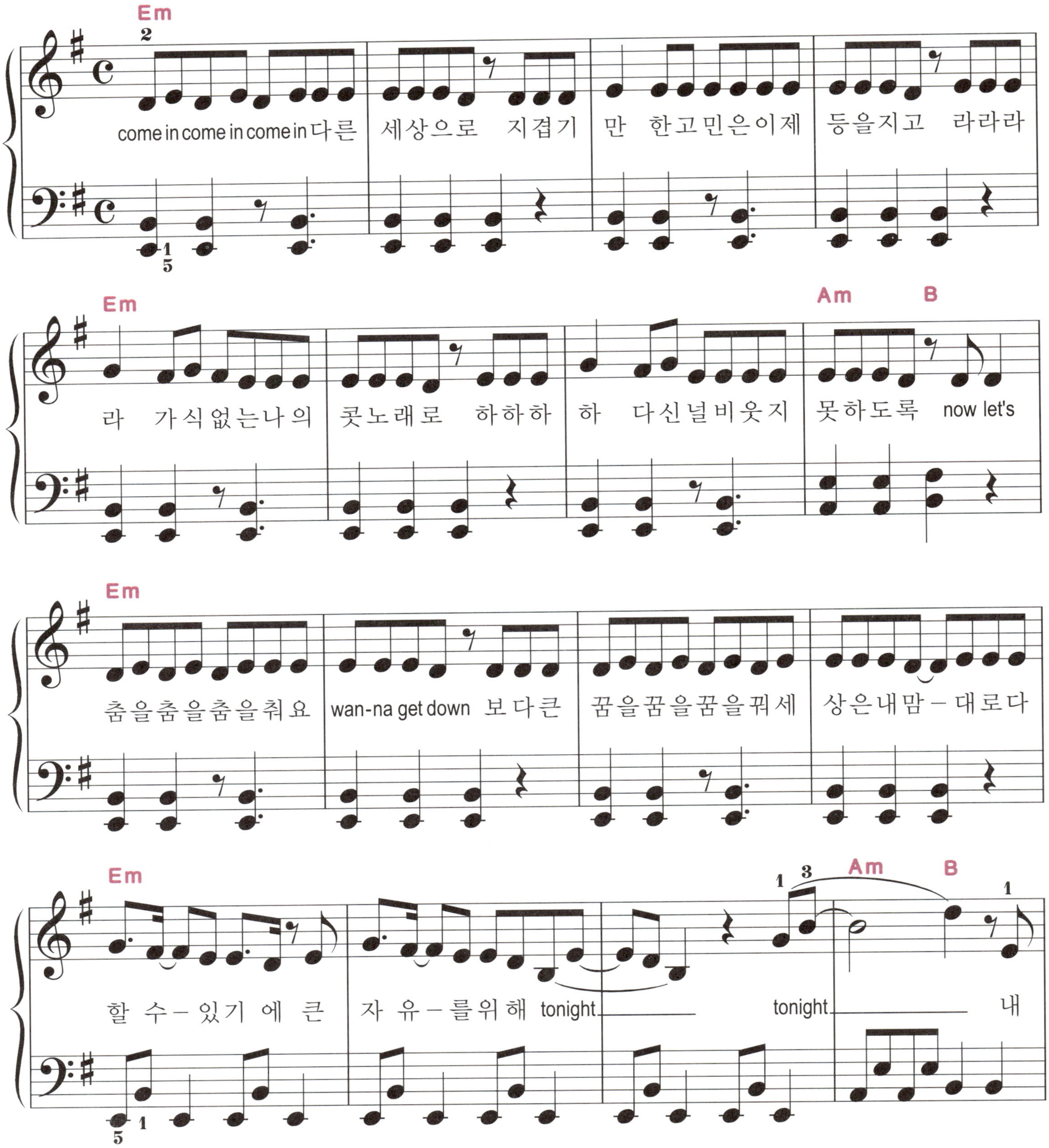

• 칼립소 리듬으로도 반주해 보세요.

눈 빛－에빛 나－는 별 들－도 내심장 속 을－태우 는－저 별 빛－도 영원하
진 않－겠지 but 잃 을 건－없지우 － － 우 － － － 우 － － － 우 － － 난
미미미미미미미치 고 싶어 더빨리 뛰뛰뛰뛰뛰뛰뛰뛰 고 싶어 저높은
빌딩위로 저푸른 하늘위로 크게소 리리리리리 리리치 고 싶어 you got that fire

1, 2, 3 (원 투 쓰리)

Nana 사 | F. Hult, C. Vtbault, V. Degiorgio, Shusui 곡 | 윤하 노래

• 폭스 트로트 리듬으로도 반주해 보세요.
Em C D G/D Em C D G/D
Em C C#dim
미 소에— 난 녹 아 홀 딱   타 버린— 내 맘   나를   미 치게— 만 드 는 그 눈
D G C D G/D
빛   oh ba-by 1 2 3 you__ and me   두 근두— 근 너와 나
G C D G/D Em C
4 5 6 조— 금 씩   짜 릿한— 입 맞 추 며   매 일매— 일 애 타 게날
D G/D Em C D G/D
유 혹해— 줄 래   like 1 2 3 너— 밖 에 난   모 르 는 걸—

큰일이다

강은경 사 | 조영수 곡 | V.O.S 노래

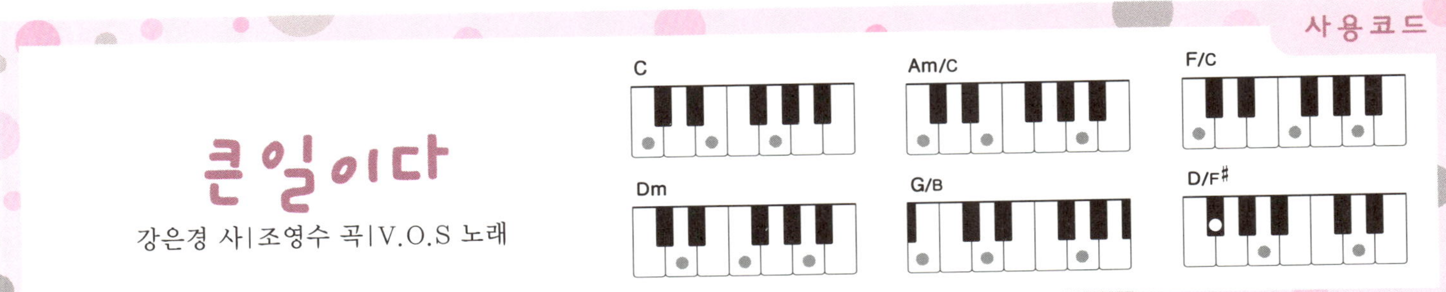

• 비긴 리듬으로도 반주해 보세요.

- 이다 - 자꾸만보 - 고싶 - 어서 - 매일 네생각만 - 나 - 서
- 아무 - 일 도 - 할수 - 없는데 - - - 정 말 큰일
- 이다 - 이러다죽 - 을 것같 - 은데 너무가 - 슴이 - 아 픈데
- 난어 - 쩌 라고 - 넌어 - 쩌 자고 - 이 토록 - 사랑하 - 게해 -

사용코드
드라마 '찬란한 유산' 삽입곡
내 가슴에 사는 사람
한성호 사|한성호 곡|이수 노래
F/G
C
A
F
Dm7
Csus4
내눈물닦아   줄 사람 -   내손을잡 아
내가슴에 사   는 사람 -   내사랑이 라
줄 단한 - 사람 -   그게너 라   - 는이유 -   단
부 를한 - 사람 -   상처에 아
1.F
- 하나-인걸 -   -모르니   -파해도-   웃 -게해줄-
Fm
C/G
2.F
Dm7
내 인생의한사람   - 너 만 을사 -랑해   -
Dm/G
F/G
Csus4
C
Fine

4비트 리듬으로도 반주해 보세요.
C
A
C
Caug
Am
Gm7
끝이없는터 널속에도 한줄기빛 으로와 준
F
Em
Am/E
Dm7
F/G
니가있기에 나는 행복할수가 있 는걸
Am
G
F
G
C
G
가끔은걷기 조차 힘 들 때도 있지만
Am
G
F/C
Dm
F/G
날밑어준널 위해 다 시한번 뛰 어갈수 있어
D.C. al Fine

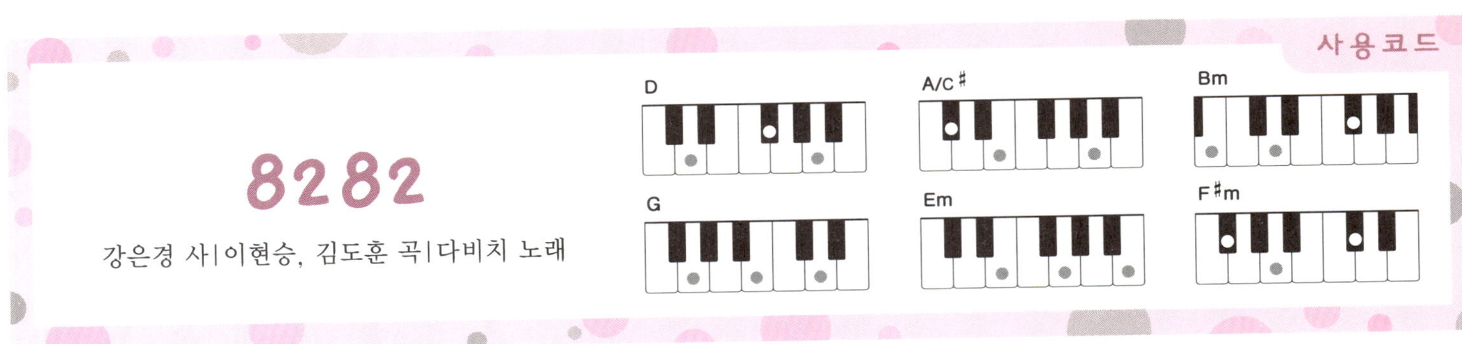

사용코드

8282

강은경 사 | 이현승, 김도훈 곡 | 다비치 노래

D
A/C#
Bm
G
Em
F#m

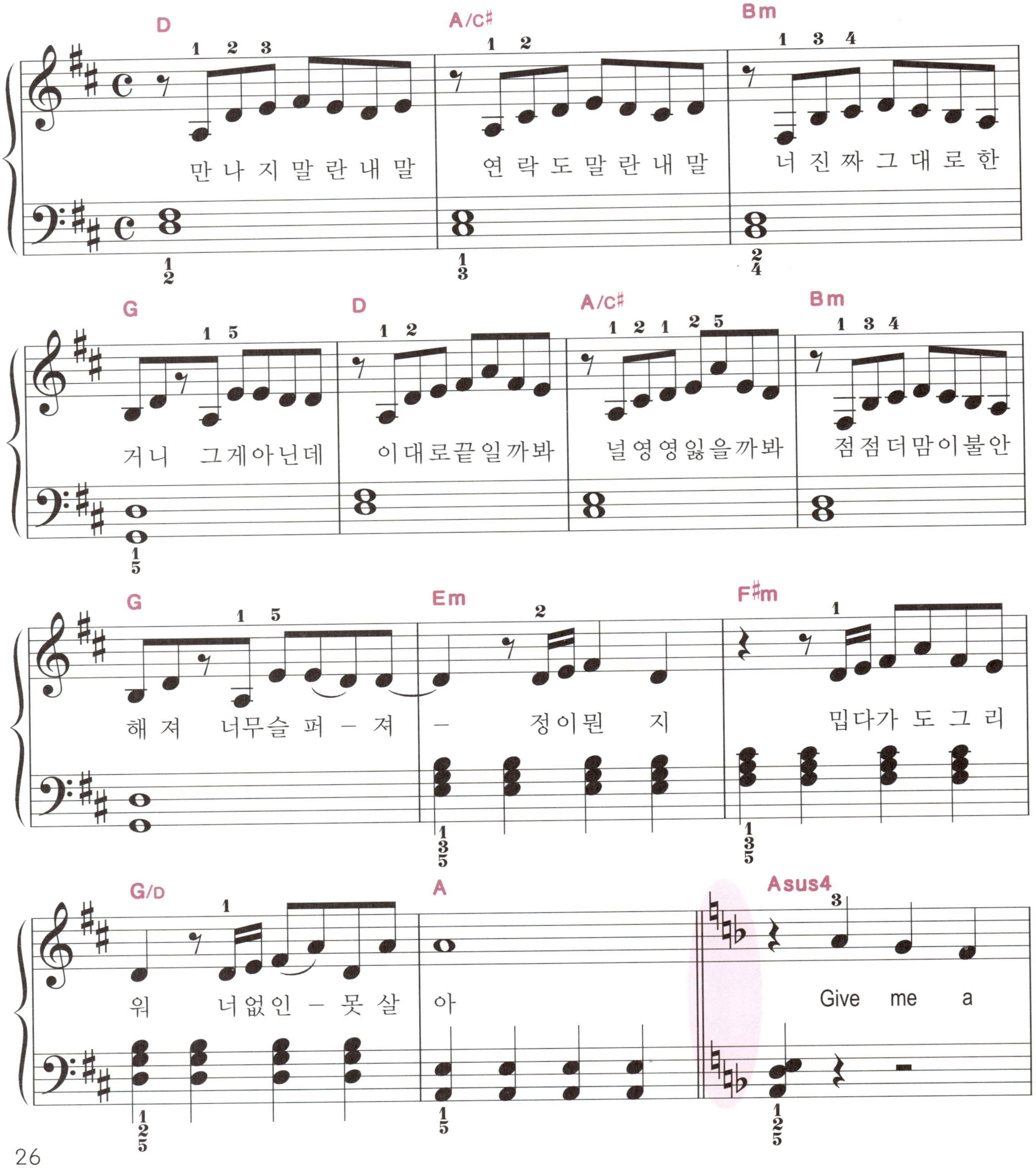

D
만 나 지 말 란 내 말
A/C#
연 락 도 말 란 내 말
Bm
너 진 짜 그 대 로 한
G
거니 그게아닌데
D
이대로끝일까봐
A/C#
널영영잃을까봐
Bm
점점더맘이불안
G
해 져 너무슬 퍼 – 져
Em
– 정이뭔 지
F#m
밉다가 도 그 리
G/D
워 너없인 – 못 살
A
아
Asus4
Give me a

• 폭스 트로트 리듬으로도 반주해 보세요.

call ba - by ba - by 지금바로전 화줘 Give me a
call ba - by ba - by 매일날기 - 다 려 - - -
사랑한다고 - 사랑한다고 - 문자라도남 겨줘 오 오 오
날 울 리지 - 마 너 - - wohh___ wow_

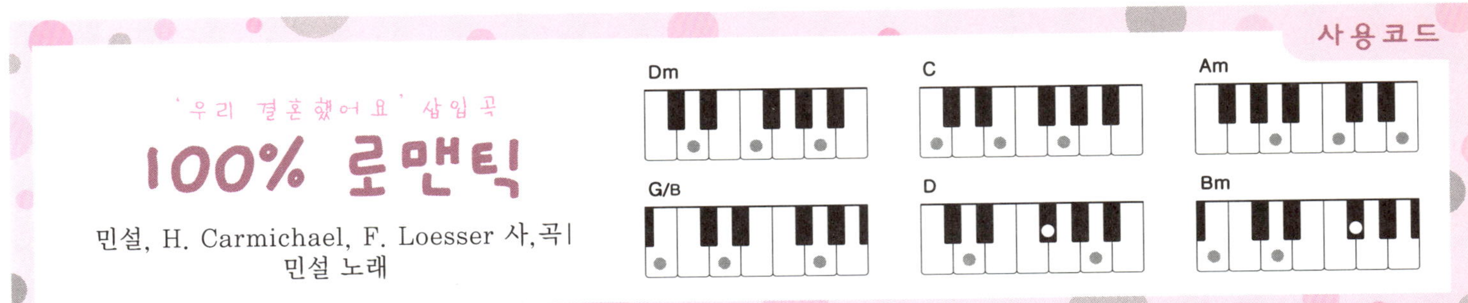

'우리 결혼했어요' 삽입곡

100% 로맨틱

민설, H. Carmichael, F. Loesser 사,곡
민설 노래

사용코드

Dm
C
Am
G/B
D
Bm

Dm C Am Dm G/B
chapa chapa chapa cham - paign 달 콤 한 키 스 닮 은
C Am Dm G/B C Am
cock - tail 따 스 한 햇 살 같 은 그 대
Dm G/B C Am Dm C Am
모 두 사 랑 스 러 워 cafe cafe 작 은 ca - fe
Dm G/B C Am Dm G/B
설 레 임 을 녹 인 cho - colate 그 대 입 가 에 물 든

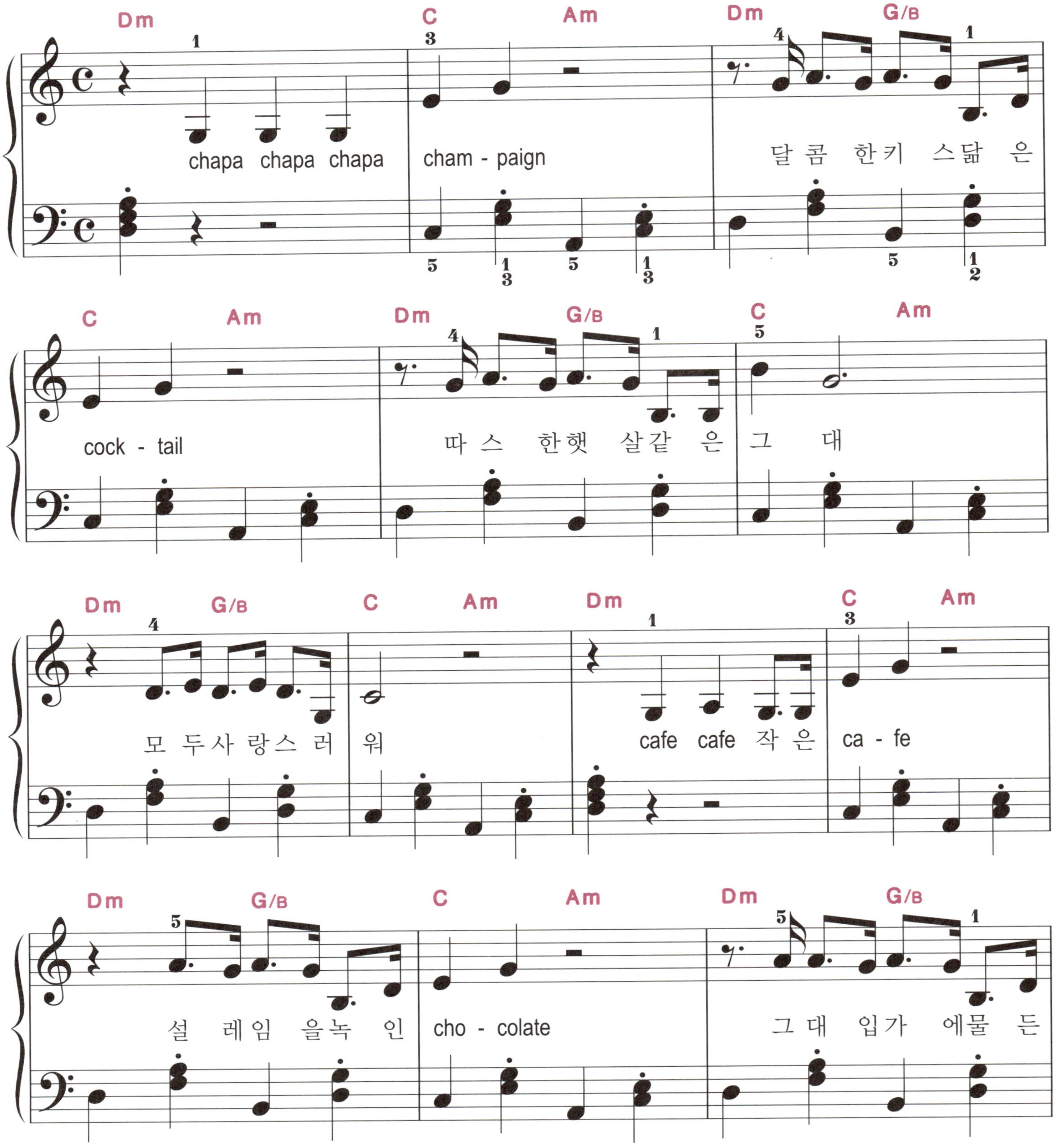

• 스윙 리듬으로도 반주해 보세요.
Dm C Am Dm G/B C Am
C Am Dm G/B C Dm G/B
하 이얀 mil - k-shake 모 두사 랑스 러 워
D Bm Em A D Bm Em A
사 랑해 요사 랑해 어 눌한 말솜 씨 사 랑해 요사 랑해 짓 궂은 장난 끼
F#m Bm Em A F#m Bm Em
나 보 - 다 고집 센곱 슬머 리 모 두 - 다 나 의그 대죠
Em A D
나 의그 대죠 나 의사 랑그 대 죠

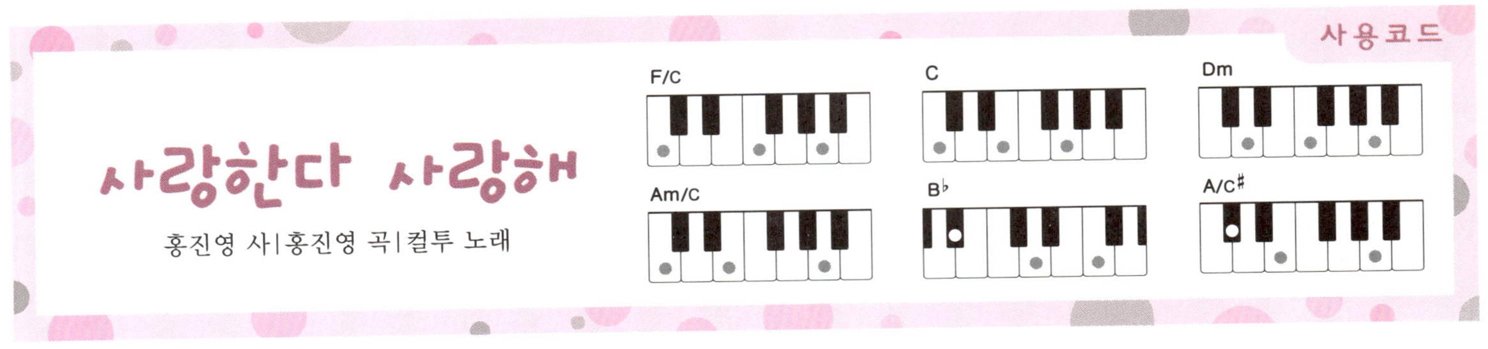

사랑한다 사랑해

홍진영 사 | 홍진영 곡 | 컬투 노래

• 변형된 아르페지오 리듬으로도 반주해 보세요.
F C Dm Am B♭ C Dm
F C Dm A/C# B♭ C Dm A/C#
잘 하 려고 생각 했는 데 그 대 힘 들 게만 했 었 나봐 요 잘해
Dm C Dm A/C# B♭ C Dm C
주 지 못해 서 아 껴 주 지 못 해 서 미 안 하 단 말 뿐―이 죠 사랑
F/C C Dm Am/C B♭ C Dm C
한 다 사랑 해 가슴 벅 찬그이 름 부르 고불러도모자란사―랑 아 보고
F/C C Dm Am/C B♭ C Dm
싶 다 그립 다 아파 해야만하 죠 사랑 해도모자 란그대―니 까

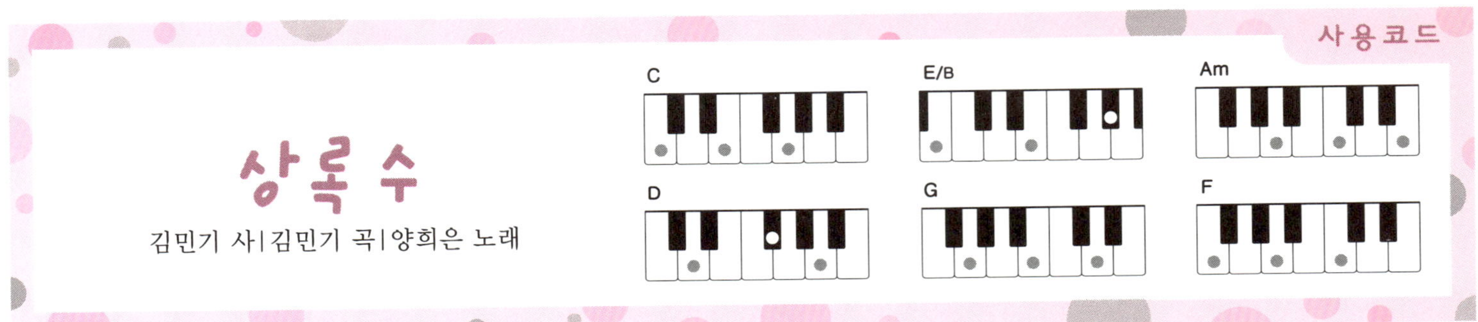
상록수
김민기 사 | 김민기 곡 | 양희은 노래
사용코드
C
E/B
Am
D
G
F

C E/B Am D G
저 들 에 푸 르 른 솔 잎 을 보 라
C E/B Am F D G
돌 보 는 사 람 도 하 나 없 는 데
C E/B Am F Dm G
비 바 람 맞 고 눈 보 라 쳐 도
Dm A/C# Dm Em Am/E Dm G/D C
온 누 리 끝 까 지 맘 껏 푸 르 리 라

• 아르페지오 리듬으로도 반주해 보세요.

서럽고 쓰 리 던   지난날 들 도
다 시 는 다 시 는   오지말 라 고
땀흘리 리 라   깨 우 치 리 라
거 칠 은 들 판 에   솔잎되 – 리 라

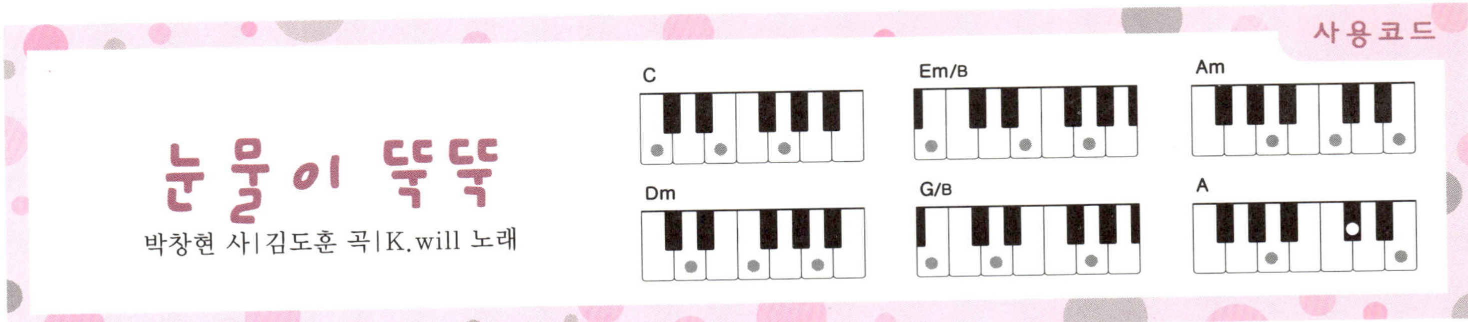
사용코드
눈물이 뚝뚝
박창현 사 | 김도훈 곡 | K.will 노래
C
Em/B
Am
Dm
G/B
A

C
Em/B
Am
Dm
가네요-
점점멀어 지 네요
가네요-

G/B
C
Am
Dm
점점작아 지 네요-
가 네요-
그댈좀더보고

G/B
C
F/C
Dm
G/D
C
싶은데-
좀더기억하고 싶은데-
자꾸번져가 네요 -

A
Dm
G
Em
널 사 랑해
소리쳐서불러보고싶어 사 랑해

변형된 아르페지오 리듬으로도 반주해 보세요.

웃으면서보낼수가없어 미 안해 뒤돌아봐줄수 없 겠니-
사 랑 하 니까 하루라도멀어질수없어 내 맘을 알잖
아 제발 돌아봐줘요 제 발 아 나요- 눈물 흘리는날
아 나요- 그냥서있는걸 아 나요- 내모습이이래 요

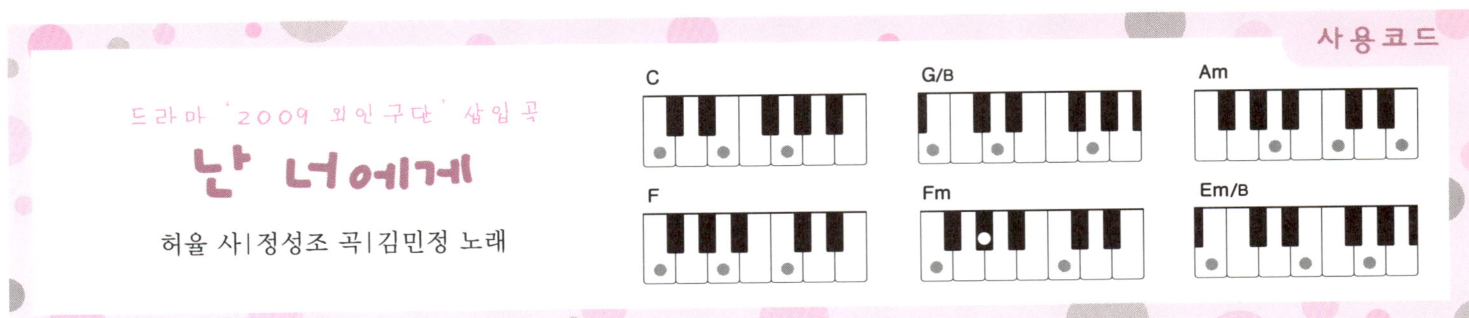

드라마 '2009 외인구단' 삽입곡

난 너에게

허율 사 | 정성조 곡 | 김민정 노래

사용코드

C
G/B
Am
F
Fm
Em/B

C G/B Am F Fm C G/B
난네가― 기뻐하는일이라면― 뭐든지할 수있어 ― ―
C G/B Am F Fm
난 네가― 좋아하는일이라면― 뭐 든 지 할 수 있 ―
C F/C Em/B Am
어 별 보 다 예 쁘 고 꽃 보다―더고―운 나
Dm Dm/C E/B Am G
의 ―친―구 야 이세 상 ―다주어 도

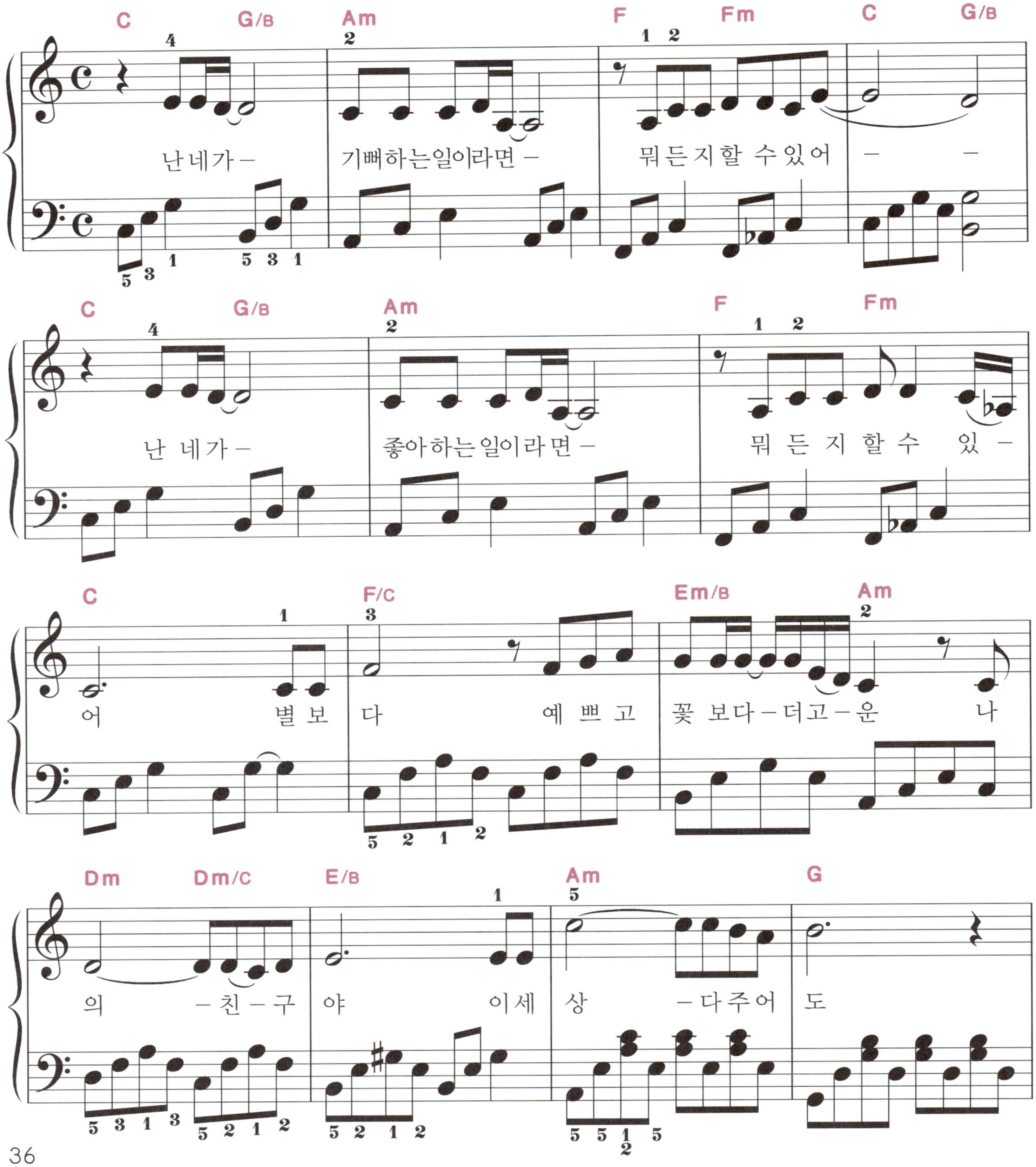

4비트 리듬으로도 반주해 보세요.
바 꿀수없 는 나 의 친-구 야
네 곁에있 으면- 사랑은
내 것
네 곁에있 으면- 세상도 내 것
난 네가-
기뻐 하는 일이라면-
뭐 든 지할 수 있어
난 네가-
좋아 하는일이라면-
뭐 든 지할 수 있 - 어

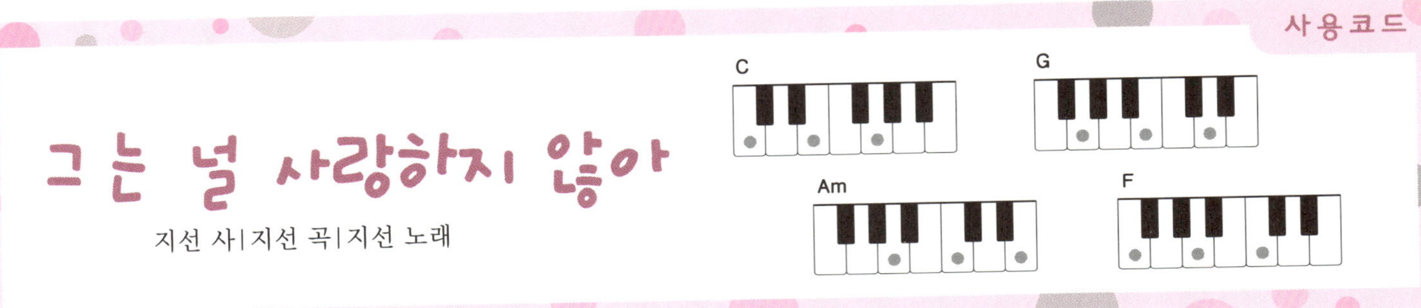

그는 널 사랑하지 않아

지선 사 | 지선 곡 | 지선 노래

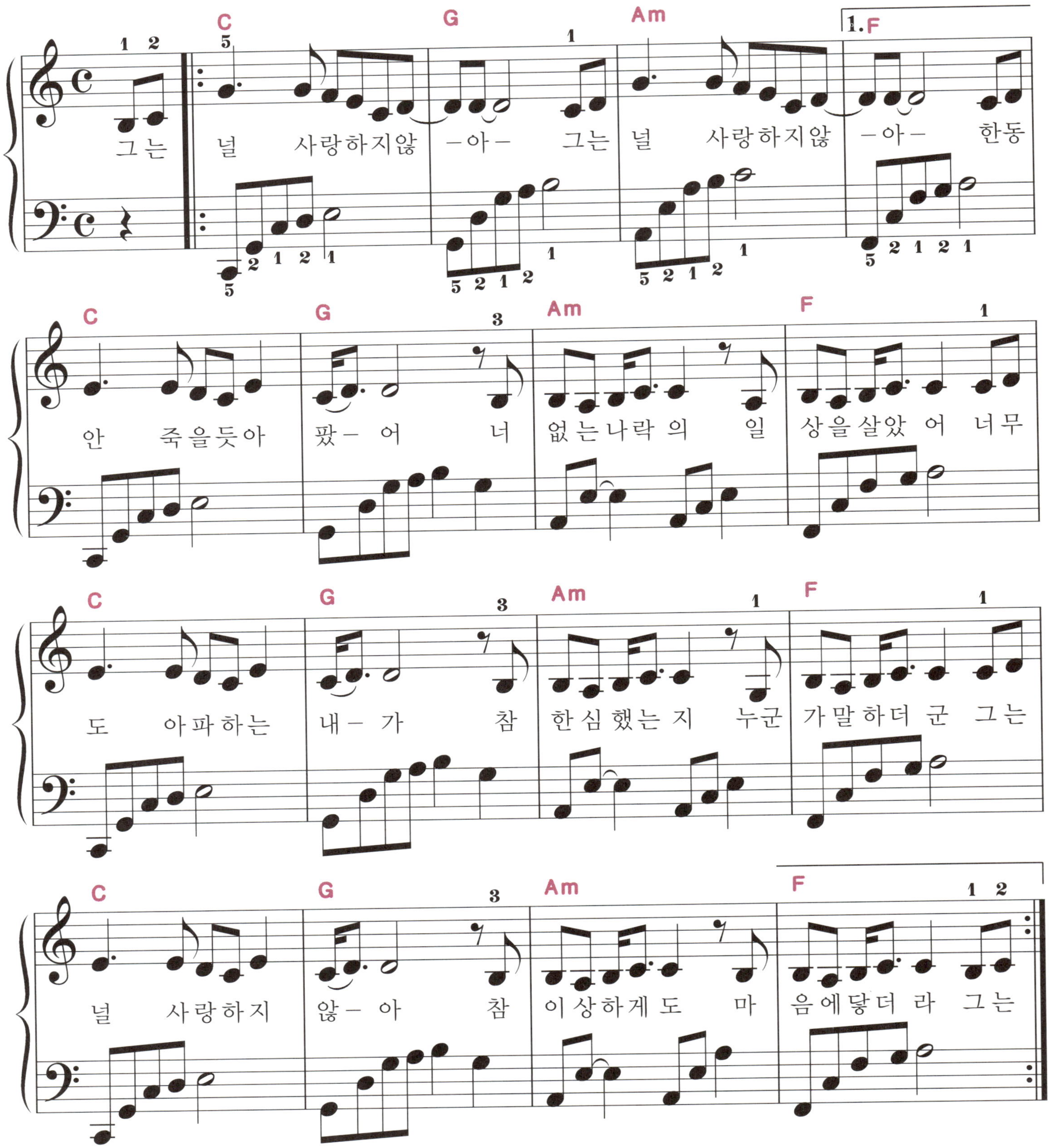

• 칼립소 리듬으로도 반주해 보세요.
2. F   C   G   Am
- 아 - 하 양 게 - 세 상 은 - 부서지고 -
F   C   G   Am
까 맣 게 - 나 는 다 - 타버렸 어
F   C   G   Am
여전 히 내곁에 남겨진 이야기 그 는 널 사랑하 - 지않 아
F   C   G   C
아 직 도 내안에 남겨진 이야기 그 는 널 사랑하 - 지않 아

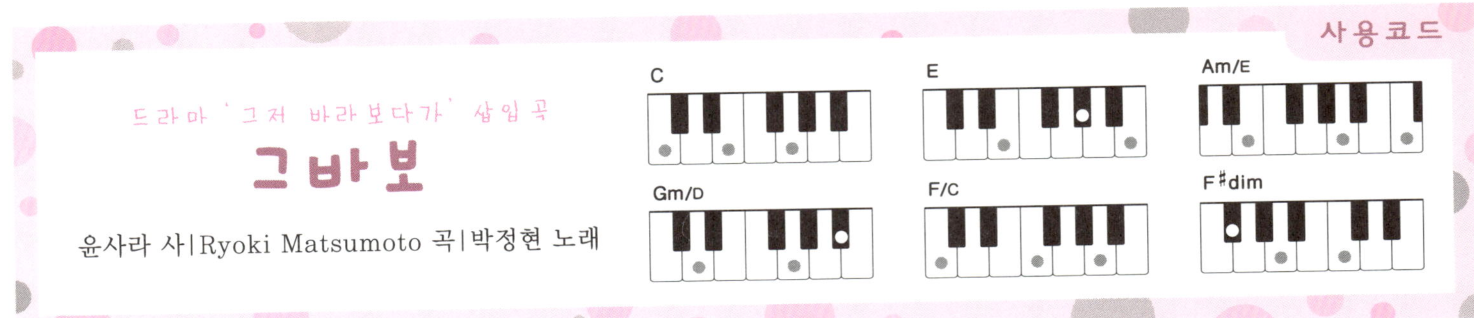
사용코드
드라마 '그저 바라보다가' 삽입곡
그바보
윤사라 사 | Ryoki Matsumoto 곡 | 박정현 노래
C E Am/E
Gm/D F/C F#dim

C E Am/E C/E Gm/D
웃 어봐요 아파-도난- 웃어요 괜히 - 눈물-이또-흘

F/C Fm/C Em/G E♭/G A♭ G C
러 내리면 행복 한 눈 물이라고- 믿 고- 눈 감아요

E/B Am Gm F
그 대얼굴-그 려봐요 다-시- 마음-을여-며 요 그대

F#dim B Em/B Gm/B♭ A
에 게가-는길-이 너-무 험 해-서 걸음 걸음가-시박-힌발-이

변형된 아르페지오 리듬으로도 반주해 보세요.
아 파 도 어제 보 다한-걸음 가까우니까 - 그래
요 괜찮아요 - - I believe I believe 나의사-랑 그 -대 아픈
가 슴어-루만져 주는 한 사람- I believe I believe 나의숨-결
그 대 믿어 요 오직 나 만 을 껴안-아줄그 대

사용코드
'패밀리가 떴다' 삽입곡
Kimi wo Omou Melody
Acchorike 곡
FM7
G
C
Am
A

• 왈츠 리듬으로도 반주해 보세요.

FM7   G   C   Am
FM7   G   Am
FM7   G   Am   A   FM7
G   Am   FM7   G
1. Am   A   2. Am   A

사용코드
애니메이션 '학교괴담' 삽입곡
My Soul
July 곡
Bb
C
F
Dm
D
G

• 4비트 리듬으로도 반주해 보세요.

천개의 바람이 되어
작사 미상 | Arai Mann 곡 | 임형주 노래
사용코드
F
C/E
Dm
Bb
Am
Gm
나의사 진 앞에서울 －지 마요
나 는 그곳 에 －없 어 요 나 － 는 잠들어있
－지않아요 제 발 날 위해울 지 말 아 요 나 는 천

아르페지오 리듬으로도 반주해 보세요.

개 의 바람
천개의 바 람이 되었
죠
저 넓 은 하 늘 위 를
자유롭게 날고 있 죠
저 넓 은 하 늘
위 를
자유롭게 날고 있 죠

발 행 일 2009년 7월 7일
발 행 처 아름출판사
주 소 경기도 고양시 일산동구 중산동 1584-2
http://www.armusic.co.kr
전 화 1588-1743(대표)
(031)977-1881~2(영업부)
(031)977-1883~4(편집부)
팩 스 (031)977-1885
등 록 1987년 12월 9일 제2001-7호

편 곡 조지영
발 행 인 성강환
편 집 인 편집부

본 도서는 무단 복사, 전재할 수 없음(파본은 교환해 드립니다)

ISBN 978-89-8377-603-7   13670

값 3,000원